جُحَا وَالخَاتِمُ

قصة د. طارق البكري

رسوم إياد عيساوي

دار الـرُّقي
للطباعة والنشر والتوزيع

مِنَ الْمَعْلُومِ أَنَّ جُحَا كَانَ لَدَيْهِ كَثِيرٌ مِنَ الْأَصْدِقَاءِ وَالْمَعَارِفِ..
وَأَحْيَانًا يَأْتِي إِلَيْهِ الْأَصْدِقَاءُ يَطْلُبُونَ مِنْهُ خَدَمَاتٍ أَوْ يَسْأَلُونَهُ
عَنْ صَاحِبِ مِهْنَةٍ مَا لِعَمَلٍ يُرِيدُونَ إِنْجَازَهُ..
وَفِي يَوْمٍ جَاءَ رَجُلٌ إِلَى جُحَا وَكَانَ اسْمُهُ (حَسَن) وَقَالَ لَهُ إِنَّهُ
سَيُبَاشِرُ عَمَلًا جَدِيدًا فِي التِّجَارَةِ..

وَأَخَذَ يَشْرَحُ لَهُ أَنَّهُ تَاجِرٌ جَدِيدٌ.. وَلَا يَمْلِكُ مَالًا كَثِيرًا، وَيُحَاوِلُ أَنْ يُجَرِّبَ نَفْسَهُ فِي عَالَمِ التِّجَارَةِ.. وَقَرَّرَ أَنْ يَعْمَلَ لِنَفْسِهِ خَاتَمًا يَسْتَخْدِمُهُ فِي مُعَامَلَاتِهِ.. وَقَالَ لَهُ: إِنِّي أُرِيدُ أَنْ أَصْنَعَ خَاتَمًا وَلَيْسَ عِنْدِي مَالٌ كَثِيرٌ فَدُلَّنِي عَلَى صَانِعٍ رَخِيصٍ الثَّمَنِ..

فَقَالَ جُحَا: لَا بَأْسَ فَأَنَا أَعْرِفُ صَانِعًا مَاهِرًا وَسَوْفَ نُسَاوِمُهُ..
هَيَّا بِنَا!

وَانْطَلَقَ جُحَا وَحَسَنٌ فَوْرًا إِلَى صَانِعِ الْأَخْتَامِ.. وَفِي الطَّرِيقِ رَاحَ جُحَا يَسْأَلُهُ عَنْ تِجَارَتِهِ الْجَدِيدَةِ.. وَيُعْطِيهِ بَعْضَ النَّصَائِحِ.. وَلَمْ يَكُنْ حَسَن يُرِيدُ نَصَائِحَ بِقَدْرِ حُصُولِهِ عَلَى خَاتَمٍ لَا يُكَلِّفُهُ كَثِيرًا مِنَ الْمَالِ.. لَكِنَّهُ كَانَ مُضْطَرًّا لِلِاسْتِمَاعِ إِلَى نَصَائِحِ جُحَا وَإِبْدَاءِ الْكَثِيرِ مِنَ الْإِعْجَابِ بِهَا..

وَعِنْدَمَا وَصَلَا إِلَى حَانُوتِ صَانِعِ الْأَخْتَامِ رَحَّبَ بِجُحَا تَرْحِيبًا شَدِيدًا.. وَسَأَلَهُ عَنْ حَاجَتِهِ، فَقَالَ لَهُ جُحَا: كَمْ يُكَلِّفُ الْحَرْفُ الْوَاحِدُ فِي الْخَاتَمِ؟

فَأَجَابَ صَانِعُ الْأَخْتَامِ: عَشَرَةُ دَرَاهِمَ، وَمِنْ أَجْلِكَ أَنْتَ يا جُحَا خَمْسَةُ دَرَاهِمَ لَا غَيْرُ..

فَوَافَقَ جُحَا لِأَنَّهُ رَأَى أَنَّ الْمَبْلَغَ مَعْقُولٌ جِدًّا ثُمَّ نَظَرَ إِلَى حَسَن.. فَقَالَ حَسَن بِصَوْتٍ حَزِينٍ لِجُحَا: لَيْسَ مَعِي سِوَى عَشَرَةِ دَرَاهِمَ!

نَظَرَ جُحَا إِلَيْهِ يُرِيدُ مُسَاعَدَتَهُ لَكِنَّهُ لَمْ يَكُنْ يَمْلِكُ فِي ذَلِكَ الوَقْتِ مَالًا.. فَفَكَّرَ قَلِيلًا ثُمَّ قَالَ لِلصَّانِعِ: اصْنَعْ لَنَا خَاتَمًا بِاسْمِ (خَسّ).

فَقَالَ الصَّانِعُ بِدَهْشَةٍ: مَا هَذَا الاسْمُ؟

فَقَالَ: وَمَا شَأْنُكَ أَنْتَ؟؟ اصْنَعْ مَا نُرِيدُ!

فَأَرَادَ حَسَن أَنْ يَعْتَرِضَ عَلَى هَذَا الْخَاتَمِ.. فَأَشَارَ إِلَيْهِ جُحَا

بِأَنْ يَسْكُتَ وَيَنْتَظِرَ..

وَبَدَأَ الصَّانِعُ بِصُنْعِ الْخَاتَمِ..

وَبَعْدَمَا انْتَهَى مِنْ تَجْهِيزِهِ وَكَتَبَ كَلِمَةَ (حَس) وَأَرَادَ أَنْ يَضَعَ نُقْطَةً فَوْقَ حَرْفِ الْحَاءِ لِتُصْبِحَ (خَاء) فَتَكُونَ لَدَيْنَا كَلِمَةُ (خَسّ)، قَالَ جُحَا مُسْرِعًا: تَوَقَّفْ تَوَقَّفْ.. مِنْ فَضْلِكَ ضَعِ الْآنَ النُّقْطَةَ عَلَى آخِرِ السِّينِ..

فَضَحِكَ الصَّانِعُ وَعَرَفَ أَنَّ مَا يُرِيدُهُ جُحَا هُوَ اسْمُ (حَسَن)..

فَقَالَ لَهُ الصَّانِعُ: خِدْعَةٌ ذَكِيَّةٌ.. كَانَ عَلَيَّ أَنْ أَحْذَرَ مِنْكَ يا جُحَا.. وَلَكِنِّي أَحْتَرِمُ ذَكَاءَكَ.. وَسَوْفَ أُهْدِيكُمَا الخَاتَمَ دُونَ أَنْ تَدْفَعَا أَيَّ دِرْهَمٍ..

وَخَرَجَ التَّاجِرُ مِنْ عِنْدِ الصَّانِعِ وَقَدْ عَقَدَتِ الدَّهْشَةُ لِسَانَهُ وَرَاحَ يَحْسُدُ جُحَا عَلَى فِطْنَتِهِ وَذَكَائِهِ..

1 – لِمَاذَا جَاءَ حَسَن لِزِيارَةِ جُحَا؟

2 – إِلَى أَيْنَ تَوَجَّهَ جُحَا مَعَ صَدِيقِهِ حَسَن؟

3 – كَيْفَ حَقَّقَ جُحَا حُلُمَ صَدِيقِهِ بِالْحُصُولِ الْخَاتَمِ بِمَبْلَغٍ قَلِيلٍ؟

4 – لِمَاذَا قَالَ الصَّانِعُ إِنَّهَا خُدْعَةٌ ذَكِيَّةٌ؟

5 – مَا الَّذِي يُسْتَفَادُ مِنْ هذِهِ الْقِصَّةِ؟

AF366887

9 786144 629925